Shabdon Me Base Tum

Jaha har shabd tum tak pahuchata hai

Kiran Kumar Mishra

BookLeaf Publishing
India | USA | UK

Made with ❤ on the BookLeaf Publishing Platform
www.bookleafpub.in
www.bookleafpub.com

Dedication

समर्पण

उन स्मृतियों को,
जो समय से परे हैं।
उन शब्दों को,
जिनमें एक जीवन अब भी स्पंदित है।
और उस व्यक्तित्व को –
जो निष्प्रभ होकर भी
भीतर से सदैव उज्ज्वल रहा।

Preface

भूमिका

यह संकलन उन कविताओं का है जिन्हें निष्प्रभ ने अपने छात्र जीवन और छात्रावास के दिनों में लिखा था। यह वे वर्ष थे जब संवेदनाएँ तीव्र थीं, प्रश्न गहरे थे और भविष्य अभी आकार ले रहा था।

इन रचनाओं में एक युवा मन का आत्मसंवाद है – संघर्ष, आशा, एकांत, प्रेम और जीवन-दर्शन की सूक्ष्म झलकियाँ। शब्दों में कहीं सहज भावुकता है, तो कहीं विचार की गंभीरता।

इन कविताओं को यथावत रूप में प्रस्तुत करने का प्रयास किया गया है, ताकि उस समय की अनुभूति और सच्चाई अक्षुण्ण बनी रहे। यह संग्रह केवल साहित्यिक अभिव्यक्ति नहीं, बल्कि एक समय, एक मनःस्थिति और एक संवेदनशील व्यक्तित्व का दस्तावेज़ है।

"शब्दों में बसे तुम" शीर्षक स्वयं इस तथ्य की ओर संकेत करता है कि व्यक्ति भले समय के प्रवाह में विलीन हो जाए, पर उसकी चेतना उसके शब्दों में जीवित रहती है।

आशा है कि पाठक इन कविताओं में केवल पंक्तियाँ नहीं, बल्कि एक जीवन की धड़कन अनुभव करेंगे।

Acknowledgements

आभार

इस पुस्तक के प्रकाशन में प्रत्यक्ष और अप्रत्यक्ष रूप से सहयोग देने वाले सभी व्यक्तियों के प्रति हार्दिक कृतज्ञता व्यक्त की जाती है।
विशेष रूप से उन परिजनों और मित्रों का धन्यवाद, जिन्होंने इन पांडुलिपियों को सुरक्षित रखा और उन्हें पुस्तक रूप में प्रस्तुत करने के प्रयास को प्रोत्साहित किया।
प्रकाशन प्रक्रिया से जुड़े सभी सहयोगियों का भी आभार, जिनकी सहायता से यह संकलन पाठकों तक पहुँच सका।
अंततः, कृतज्ञता उन पाठकों के प्रति, जो इन शब्दों को पढ़कर उन्हें पुनः जीवंत करेंगे।

1. एक अधूरा सपना

मैने एक सपना देखा,
सपने में एक अपना देखा,
अपने में एक सूरत देखी,
ज़िन्दगी की एक मूरत देखी।
प्यार की कलियाँ भी देखीं,
यार की अँखियाँ भी देखीं,
अँखियों में मैंने प्यार देखा,
दोस्त को हमक़नार देखा।
दोस्त के दामन को पकड़ा,
चूमा प्यार से मुखड़ा,
लेकिन तभी टूटा जो सपना,
मैंने कहीं देखा न अपना।
आख़िर वो तो था एक सपना,
सपने से न कोई होता है अपना।

2. भाग्य के सितारे

ओ भाग्य के सितारे !
क्यों साथ मेरा छोड़ा ?
जीवन को मेरे मोड़ा,
सपनों को मेरे तोड़ा |
बर्बाद मुझको करके,
बदनाम मुझको करके,
ज़िंदा ही मुझको छोड़ा |
चाहूँगा तुझको क्यों न,
पाऊँगा तुझको क्यों न,
काँटों में हाथ देकर,
लाऊंगा फूल क्यों न |
ओ भाग्य के सितारे!
सुख-दुःख के दो किनारे,
होते हैं क्यों निराले |
दुःख को गले लगा कर,
चाहूँगा सुख को पाना |
जीवन को मैं मिटाकर,
चाहूँगा ज़िंदा रहना |
जीवन है जैसा मेरा,
ऐसा न हो किसी का,

मेरी ये कामना है,
मेरी यह चाहना है,
न हो कहीं उदासी,
न कोई हो प्रवासी |
इंसान हूँ एक ऐसा,
जैसा ना कोई होगा,
जीवन के बदले जिसने,
मृत्यु को पाया होगा |

3. एक छोटा कवि

ग़ालिब मैं हो सकता नहीं,
दिनकर मैं हो सकता नहीं,
कवि बनने मैं चला,
लिख छंद एक सकता नहीं।

लेकिन देखो तो ज़रा,
आ रही है क्या सदा,
बन जा तू भी एक कवि,
जैसे बने हैं ये सभी।

सोचता हूँ लेकिन मैं,
कैसे बन जाऊँ कवि,
जबकि बुद्धि है नहीं,
लिखने की एक पंक्ति सही।

लेकिन अनजान आवाज़ को,
ठुकरा मैं सकता नहीं,
इसलिए सोचा है कि,
बन जाऊँ एक छोटा कवि।

4. दो प्यारे-प्यारे बच्चे थे

दो प्यारे-प्यारे बच्चे थे,
मन के कितने वे सच्चे थे।
मन में उनके अनुराग भरा,
दिल में था अद्भुत प्यार भरा।
वे सदा साथ ही रहते थे,
हर दम प्यार ही करते थे।
धीरे-धीरे यौवन आया,
जीवन में परिवर्तन आया।
दोनों ही करते प्यार अपार,
दोनों को था विश्वास अपार।
पर हाय! समाज निष्ठुर निर्दय,
खुश देख-देख कर जलता था।
उनका सच्चा प्यार सदा,
सबकी आँखों में खटकता था।
सौभाग्य ने साथ था छोड़ दिया,
दुर्भाग्य ने उनको जकड़ लिया।
दुर्भाग्य ने आकर के उनको,
अपनी बाहों में पकड़ लिया।
दोनों का साथ था छूट गया,
दोनों का दिल था टूट गया।

आँखों में उनके आँसू थे,
दिल में उनके प्रतिशोध भरा।
संसार को सबक सिखाने का,
दिल में उनके था जोश भरा।
उनके निश्चल नैनों में,
आँसू ही बहते रहते थे।
एक दूसरे से मिलने के लिए,
वे सदा तड़पते रहते थे।
खुशियों ने दामन छोड़ दिया,
ग़म ने दामन को पकड़ लिया।
ग़म से घबराकर दोनों ने,
दुनिया को ही छोड़ दिया।

5.

सब कुछ है प्यारा मुझको

यारी है प्यारी मुझको,
फूलों से यारी मुझको,
काँटों से यारी मुझको ,
कलियाँ भी प्यारी मुझको ।
जीवन है लगता प्यारा,
दुख भी है मुझको प्यारा,
खुशियाँ भी मुझको प्यारी,
मृत्यु भी मुझको प्यारी।
दुनिया है लगती न्यारी,
दुनिया से मुझको यारी ,
सूरज है लगता प्यारा,
चंदा भी मुझको प्यारा।
'आज' है लगता प्यारा ,
'कल' भी मुझको था प्यारा ,
'कल' भी प्यारा है मुझको ,
सब कुछ है प्यारा मुझको।

6. क्यों?

सारा समाज जब सोता है,
मुझको क्यों नींद नहीं आती?
सारी दुनिया जब हँसती है ,
मुझको क्यों हँसी नहीं आती?
जीवन मेरा अभिशाप बना ।
अभिलाषा मेरा क्यों ख्वाब बना?
दुर्भाग्य मेरा क्यों साथ बना ?
सौभाग्य मेरा क्यों प्यास बना?
समझ नहीं मैं पाता हूँ ।
क्यों प्यार मेरा है ख़ाक बना ?
क्यों यार मेरा है ख़्वाब बना?
क्यों प्रेम मेरा है शाप बना?

7. मैं और तुम

मैं एक छोटा सा कंकड़ हूँ,
तुम पत्थर में भी हीरा हो,
मैं तो कॉपी का पन्ना हूँ,
तुम पन्नों में भी "पन्ना" हो।
तुम पूर्ण चंद्रमा हो शायद,
मैं तो एक छोटा तारा हूँ ,
तुम दरिया में भी गंगा हो,
मैं तो बरसाती नाला हूँ।
मैं समझ गया क्यों नफरत की,
क्यों मेरे प्यार को ठुकराया ?
क्योंकि तुम शायद सुंदर हो,
मैं एक बदसूरत मानव हूँ ।
जिंदा हूँ लेकिन मरता हूँ ,
मैं तुमको अपना कहता हूँ ,
तुम पत्थर दिल हो,ओ ज़ालिम!
दिल तुमको देते डरता हूँ।

8. क्या है?

भाग्य क्या है ?
जो आता नहीं है कभी ।
ख़्वाब क्या है ?
जो पूरा न होता कभी।
प्यार क्या है ?
जो मिलता नहीं है कभी ।
सूर्य क्या है ?
जो ठंडा न होता कभी।
रात क्या है ?
जो दिन में न आती कभी ।
क्या है मंज़िल ?
जो मिलती नहीं है कभी।
क्या ख़ुदा है ?
जो दिखता नहीं है कभी ।
मुझको कोई बताता नहीं क्यों कभी?
काश! कोई बता दे यह मुझको सभी।

9. कब तक?

कब तक छुपा रह सकता है सूरज घटाओं में,
कब तक रुका रह सकता है बादल फ़िज़ाओं में,
कब तक झुकी रह सकती है पलकें जफ़ओ में,
कब तक टिकी रह सकती है किस्मत दुआओं में,
कब तक खुशी रह सकती है ज़ुल्मों की छाँव में ,
कब तक पड़ी रह सकती है बेड़ी ये पाँव में,
यह ज़ुल्म-ओ-सितम है, क्यों जीवन की राहों में ,
मिलता नहीं है प्यार क्यों दिलबर की आँखों में।

10. जफ़ा

हमसे ऐसी क्या हो गई है ख़ता,
कि हो बैठे हो तुम हमसे ख़फा ।
हमने सब कुछ लुटाया है अपना,
फिर भी क्यों हमको मिली ऐसी सज़ा।
रूह को अपनी अब तो चैन कहाँ,
दोस्ती की भी नहीं आती सदा ।
ख़ुदा ने तुझको मिटाया है 'किरण',
मिटाने में उसे आया है मज़ा ।
ज़िन्दगी तेरी ख़त्म होती है,
मिली नहीं है तुझको भी वफ़ा।
जिनसे तूने किया था प्यार सदा,
करते हैं वो ही तुझसे आज जफ़ा।

11. यार और प्यार

होंठ प्यासे रहे दिल तड़पता रहा,
सामने सागर यूं ही मचलता रहा,
हम भटकते रहे प्यार की खोज में,
प्यार हम पर खड़ा मुस्कुराता रहा,
हमने कोशिश बहुत की वफ़ा पाने की,
यार हम पर ज़फा ही लुटाता रहा,
गुल को हमने चमन में खिलाया मगर,
गुल भी हमको ही काँटे चुभाता रहा,
बाज़ी अपनी ही थे जीतने वाले हम ,
भाग्य हमको हमेशा मिटाता रहा।

12. दिलबर से एक सवाल

हाय! कितनी हसीन लगती हो !
तुम तो सूरज की किरण लगती हो,
किसी शायर का ख़्वाब लगती हो,
किसी दिलबर की प्यास लगती हो,
फिर क्यों तुम उदास लगती हो,
किस लिए बेकरार लगती हो,
क्या कोई साथ छोड़ बैठा है,
या दिल तुम्हारा तोड़ बैठा है,
किसी के प्यार में तुम खोई हो,
किसी की याद में तुम खोई हो,
देखो सामने तुम्हारा दिलबर,
तुम्हारा प्यार, तुम्हारा हमसफर,
तुम्हारी ही तमन्ना है जिसको,
तुम्हारा ही तसव्वुर है जिसको,
क्या इसका हाथ नहीं थामोगी,
क्या इसका प्यार नहीं थामोगी,
क्या इसका दिल तुम तोड़ जाओगी,
या इसका साथ छोड़ जाओगी,
नहीं तुम ऐसा नहीं कर सकती,
तुम अपने प्यार को ठुकरा नहीं सकती,

इसको ठुकरा करके जाओगी कहाँ,
फिर लौट कर आओगी यहाँ,
तुम्हारे प्यार का बेताब है यह,
तुम्हारे हुस्न का शबाब है यह |

13. ग़म

ग़म में इंसान बदल सकते हैं |
ग़म में जज़्बात बदल सकते हैं ||
ग़म बुरी शै ये माना हमने |
ग़म में बर्बाद हो भी सकते हैं ||
ग़म को क्यों चाहते हैं फिर भी हम ?
ग़म को क्यों ज़िंदगी बताते हैं ?
ग़म से क्यों दोस्ती बढ़ाते हैं ?
ग़म को क्यों दोस्त हम बनाते हैं?
ग़म को पहचानने के ख़ातिर ही |
ग़म को हम जानने के ख़ातिर ही ||
दिल के टुकड़े से यह पूछा हमने,
क्यों ग़मनाक हुए जाते हो ?
दिल के धड़कन से आई यह सदा,
ग़म ज़िंदगी का भाई है सगा |

14. मौसम

कैसा सुहाना है देखो यह मौसम,
बरसता यहाँ आज सावन है रिमझिम।
दिल में है उठती हमारे उमंगें,
जो देखे हम बहती हुई जलतरंगें।
फूलों और पत्तों पर आई बहारें,
रिमझिम बरसती है यह जल फुहारें।
काली घटाएँ हैं छाईं गगन में,
बुलबुल चहकती है ख़ुश होकर चमन में।
यह चलती हुई जो है ठंडी हवाएँ,
देती है हमको वफ़ा की सदाएँ।
बरसता हुआ मेघ लगता है ऐसे,
दिलों में करेगा ये तूफान जैसे।

15. निष्प्रभ

तुम्हारे प्यार का दीवाना बना है 'निष्प्रभ'
तुम्हारे हुस्न का परवाना बना है 'निष्प्रभ'
शम्मा बन करके झिलमिलाती रहना
तुम्हारे आगोश में पड़ा है 'निष्प्रभ'
हो सके तो रोशनी देना तुम 'निष्प्रभ' को
नहीं तो प्यार का आँचल न देना 'निष्प्रभ' को
याद आ जाएगी गर तुमको कभी 'निष्प्रभ' की
ज़िंदगी उसी वक्त सँवर जाएगी 'निष्प्रभ' की
याद में आँसू न उसकी बहाना तुम
हो सके तो प्यार का दीपक जलाना तुम ।

16. अश्रुओं का सावन

बरस रहा है देखो मेघ ये सावन की तरह,
बरसता नहीं है यह सावन मेरी आँखों की तरह,
अश्रु गिरते हैं मेरी आँख से निर्झर की तरह,
याद आती है तेरी मुझको प्राणों की तरह,
प्यार बरसता है मेरे दिल से शबनम की तरह,
दिल मेरा खिलता है तुझे देख कर फूलों की तरह,
याद आती है तेरी मुझको प्यासों की तरह,
तुम तो आते हो मेरे पास ख़्वाबों की तरह।

17. रूप की महक

एक सुंदर सुकोमल सुमन हो सनम,
ख़ुशबुओं से भरी तुम पवन हो सनम,
कोई माने न माने यह सच है मगर,
सूर्य की तुम चमकती किरण हो सनम,
तेरा मुख है या कोई कमल पुष्प है,
तेरी आँखें हैं या यह सुमन सुप्त है,
पुष्प ऐसे हो तुम मेरे प्यारे सनम,
ख़ुशबू-ख़ुशबू ही है जिसमें मकरंद संग,
केश तेरे हैं या ये गहन रात है,
तेरे मुख की तो ज्योति सनम प्राप्त है,
देख तुझको तो चाँद भी शर्माए हैं,
हुस्न की तो तेरे कुछ और बात है,
मुस्कुराओ अगर फूल झरने लगे,
दिल की धड़कन सभी की ही थमने लगे,
मनचलों की तो है क्या औकात भी,
देख तुझको ख़ुदा भी बहकने लगे|
खूबसूरत हैं तेरी आँखें मगर,
उनमें नफरत की ज्वाला धधकती सनम,
दिल को मेरे ख़ुशी हो इन्हें देखकर,
इनमें उल्फत का दरिया बहाओ अगर,

दिल धड़कता है मेरा तेरे ही लिए,
मन तरसता है तेरी वफ़ा के लिए,
गम तो मुझको है केवल यही एक सनम,
दिल में तेरे न जलते वफ़ा के दिये।
पुष्प की मार को भी न सह सकती है,
चाँद की चाँदनी से भी जल सकती है,
इतनी कोमल है तू तुझको छू ले अगर,
गुलाब की पंखुड़ी भी बिखर सकती है,
तुझको सुंदर ख़ुदा ने बनाया सनम,
फूलों को रास्तों में बिछाया सनम,
हर खुशी तेरे कदमों पर रखी मगर,
दिल तो पत्थर का तेरे लगाया सनम।

18. आरज़ू

मेरे ख़्वाबों में तू थी मगर,
तुझे आज हमने भुला दिया,
मेरे दिल में तू थी मगर,
तुझे दिल से हमने निकाल दिया,
तुझे देखता हूँ तो सोचता हूँ,
मुझे ख़ाक में है मिला दिया,
थी यह आख़िरी मेरी आरज़ू,
तुझे प्यार मैं जी भर करूँ,
मगर तूने मेरे ओ सनम,
मेरी आरज़ू को मिटा दिया |
बुलबुल को होता गुल पसंद,
मुझे तुम ही थे केवल पसंद,
मेरी पसंद को तुमने आज,
है आग में ही जला दिया |
शिकवा मैं तुमसे क्या करूँ ?
फरियाद तुमसे क्या करूँ ?
मेरी ज़िंदगी ने ही आज देखो,
मुझको भी है भुला दिया |
मुझे ख़ाक में यूं ही मिला के तुम,
मेरी आरज़ू को भी भूल जाना,

कब्र पर मेरी आकर तुम,
दो बूँद आँसू न बहाना,
हो सके तो भूल कर तुम,
भूल मेरी भूल जाना,
चाहा था तुमको मगर,
तेरे प्यार को न हमने जाना,
तेरे ख़्वाब में कोई और था,
नज़रों से तेरी न है जाना,
माफ मुझको करके तुम,
मेरे प्यार को भी भूल जाना,
किस्मत का मारा था ये 'निष्प्रभ'
भूल कर यह सोच जाना,
ख़्वाब में गर आऊं मैं,
उस ख़्वाब को भी भूल जाना |

19. मौन प्रेम

जब कभी राह में मिलोगे ऐ मेरे सनम,
हम यह सोचेंगे कि तुमको कभी देखा ही नहीं,
जब कभी याद बन के तुम दिल में आओगे,
हम ये सोचेंगे कि तुमको कभी चाहा ही नहीं,
ख़्वाब में गर कभी तुम प्यार अपना लाओगे,
हम यह सोचेंगे कि ख़्वाबों में कभी पाया ही नहीं,
जिस्म की तेरे जो खुशबू यहाँ पर आएगी,
हम यह सोचेंगे कि कोई यहाँ पे आया ही नहीं,
ज़िंदगी प्यास बन जब कभी तड़पेगी 'किरण',
हम यह सोचेंगे कि दिल को करार आया ही नहीं |

20. अधूरी मोहब्बत

चाँदनी रात में छत पर तुम न आया करो,
तुमको देखकर निष्प्रभ का दिल धड़कता है |
कहीं ऐसा न हो दिल बेकाबू उसका हो जाए,
तुम्हारे प्यार की चाहत ही में वह खो जाए|
प्यार कुछ भी नहीं है एक आग का दरिया है,
ज़िंदगी आग के दरिया में न कहीं जल जाए,
तुम्हारे प्यार की आस में न कहीं कोई रह जाए |
ग़ुलशन में इसलिए कभी तुम न जाया करो,
दिल को देने से पहले तो जरा सोचा करो,
प्यार में ग़म ही ग़म मिलते हैं सदा प्रेमी को,
प्यार के फूल कहीं भी तो नहीं खिलते हैं |

21. मेरा जीवन

मेरा जीवन सूखे पेड़ की छाया,
जो न किसी के काम है आया,
किस्मत ने क्या रंग खिलाया,
प्यार मिला कर यार गंवाया,
छूट गया मेरा आखिरी साया,
मेरा जीवन कुछ काम न आया |
टूट गया मेरे प्यार का प्याला,
टूट गया शौक़ेयार का तारा,
किस्मत में क्या वक्त ये आया,
जिसने मेरा ख़्वाब मिटाया,
दिल में वफ़ा का नाम न आया |
मेरा जीवन सूखे पेड़ की छाया,
जिसके नीचे कोई न आया,
क्या कोई अपना क्या कोई पराया,
आया भी तो प्यार न लाया,
नफ़रत की सौगात वो लाया,
मेरा जीवन कुछ काम न आया |

www.ingramcontent.com/pod-product-compliance
Lightning Source LLC
Chambersburg PA
CBHW070653240926
51846CB00003BA/902
* 9 7 8 9 3 7 5 4 3 6 2 8 7 *